Papa Francisco

Jogando no time de Jesus

Trechos dos discursos proferidos durante
a Jornada Mundial da Juventude – Julho de 2013

Jogando no time de Jesus

Jesus nos pede para segui-lo por toda a vida,
nos pede para sermos seus discípulos,
para "jogarmos no seu time".
E o que faz um jogador
quando é convocado a fazer parte de um time?
Deve treinar, e treinar muito!
Assim é na nossa vida de discípulos do Senhor.
Jesus nos oferece algo maior do que a Copa do Mundo!
Oferece-nos a possibilidade de uma vida produtiva e feliz
e também a eternidade ao lado dele.
Mas nos pede para treinarmos para "estar em forma",
para enfrentar sem medo todas as situações da vida,
testemunhando a nossa fé. Como?
Através do diálogo com ele: a **oração**,
que é a conversa cotidiana com Deus,
que sempre nos escuta.
Através dos **sacramentos**,
que fazem crescer em nós a presença de Cristo.
Através do **amor fraterno**,
do saber escutar, do compreender, do perdoar,
do acolher, do ajudar os outros,
a qualquer pessoa, sem excluir nem segregar.
Caros jovens, vocês são verdadeiros "artilheiros de Cristo"!

Bote fé!

Querido jovem,
Bote fé: e a sua vida terá um sabor novo,
terá uma bússola que indica a direção.
Bote esperança: e cada um de seus dias
será iluminado e o seu futuro será mais brilhante.
Bote amor: e a sua existência
será como uma casa construída sobre a rocha,
o seu caminho será alegre,
porque encontrará muitos amigos
que caminham com você.

Bote Cristo em sua vida!

A fé realiza na nossa vida
uma revolução que poderíamos chamar
de revolução copernicana,
porque nos tira do centro
e o restitui a Deus.
A fé nos imerge no seu amor
que nos dá **segurança**, **força**, **esperança**.
Aparentemente, não muda nada,
porém, no mais profundo de nós mesmos,
muda tudo.

Testemunhas alegres

Jovem, **bote Cristo** na sua vida.
Ele o espera: escute-o com atenção,
e a presença dele entusiasmará o seu coração.
Bote Cristo no seu coração:
ele o acolhe no sacramento do perdão
e, com misericórdia, cura todas
as feridas do pecado.
Não tenha medo de pedir perdão a Deus,
porque ele, no seu grande amor,
não se cansa jamais de perdoar-nos,
como um Pai, que ama seus filhos.
Deus é pura misericórdia!
Bote Cristo na sua vida:
ele o espera também na Eucaristia,
sacramento da sua presença,
do seu sacrifício de amor,
e o espera na humanidade
de tantas pessoas que enriquecerão
você com a sua amizade,
e o encorajarão com o seu testemunho de fé,

o ensinarão a linguagem do amor,
da bondade e do serviço.
Jovem, você pode tornar-se
testemunha alegre do amor de Jesus,
um discípulo missionário do seu Evangelho,
para levar a este nosso mundo
um pouco de luz.
Deixe que Jesus se aproxime de você,
deixe-se amar por ele,
um amigo que não desaponta jamais.

Crentes, não crédulos

Não "diluam" a fé em Jesus,
fazendo dela um "suco".
Existe suco de laranja,
existe suco de maçã, suco de banana.
Mas não façam "suco" de fé.
A fé é indissolúvel, dela não se faz "suco".
É a fé em Jesus.
É a fé no Filho de Deus feito homem,
que "amou e morreu por nós".

Cristãos corajosos

Queridos jovens, junto à cruz de Cristo
levemos as nossas alegrias,
os nossos sofrimentos,
os nossos fracassos.
Junto à cruz de Cristo encontraremos
um coração aberto que nos compreende,
nos perdoa, nos ama e nos pede que levemos
esse mesmo amor em nossa vida,
que amemos cada irmão e cada irmã
com esse mesmo amor.

Sigam em frente sem medo!

Queridos jovens,
sigam em frente sem medo, para servir.
Não tenham medo de ser generosos.
Jesus Cristo conta com vocês!
A Igreja conta com vocês!
O Papa conta com vocês!
Maria, Mãe de Jesus e nossa,
os acompanhe sempre, com ternura.

Dados Internacionais de Catalogação na Publicação (CIP)
(Câmara Brasileira do Livro, SP, Brasil)

Francisco, Papa
   Jogando no time de Jesus / Papa Francisco ; [tradução Leonilda Menossi]. – São Paulo : Paulinas, 2014. – (Coleção fé e anúncio)

   Título original: Giovani, in campo!
   ISBN 978-85-356-3707-6

   1. Fé 2. Jovens - Aspectos religiosos 3. Mensagens 4. Vida cristã I. Título. II. Série.

14-00779   CDD-248.4

Índice para catálogo sistemático:

1. Jovens : Mensagens : Vida cristã : Cristianismo   248.4

Título original da obra: *Giovani, in campo!*
© Edizioni San Paolo, s.r.l., 2014

1ª edição – 2014
1ª reimpressão – 2018

Direção-geral: *Bernadete Boff*
Editora responsável: *Andréia Schweitzer*
Seleção e organização de textos: *Renzo Sala*
Tradução: *Leonilda Menossi*
Copidesque: *Mônica Elaine G. S. da Costa*
Coordenação de revisão: *Marina Mendonça*
Revisão: *Simone Rezende e Marina Siqueira*
Gerente de produção: *Felício Calegaro Neto*
Diagramação: *Manuel Rebelato Miramontes*
Fotos: *Todos os direitos de imagem e copyright reservados ao Serviço Fotográfico "L'Osservatore Romano"*

Nenhuma parte desta obra poderá ser reproduzida ou transmitida por qualquer forma e/ou quaisquer meios (eletrônico ou mecânico, incluindo fotocópia e gravação) ou arquivada em qualquer sistema ou banco de dados sem permissão escrita da Editora. Direitos reservados.

Paulinas

Rua Dona Inácia Uchoa, 62
04110-020 – São Paulo – SP (Brasil)
Tel.: (11) 2125-3500
http://www.paulinas.com.br – editora@paulinas.com.br
Telemarketing e SAC: 0800-7010081

© Pia Sociedade Filhas de São Paulo – São Paulo, 2014